Lippische Lacher Kracher

FSC
www.fsc.org
MIX
Papier aus ver-
antwortungsvollen
Quellen
Paper from
responsible sources
FSC® C105338

Lippische Lacher Kracher

von

Kurt von der Heide

Dieses Buch wurde
geschrieben, gedruckt,
ausgeliefert und bezahlt
ohne staatlich-lippische
Begabtenförderung!!

Bibliografische Information der Deutschen Nationalbibliothek:

Die Deutsche Nationalbibliothek verzeichnet diese Publikation in der Deutschen Nationalbibliografie; detaillierte bibliografische Daten sind im Internet über http://dnb.dnb.de abrufbar.

Verlag: BoD · Books on Demand GmbH,
In de Tarpen 42, 22848 Norderstedt
Druck: Libri Plureos GmbH, Friedensallee 273,
22763 Hamburg
ISBN: 978-3-7693-1887-6

Wie entstand der Kupferdraht?

Als zwei Lipper sich gleichzeitig nach einem Pfennig bückten und nicht aufhörten daran zu ziehen!

So geht der Witz, der belegen soll, dass die Lipper die Schotten Westfalens sind. Falsch daran ist jedoch, dass die Lipper Westfalen sind: Lipper sind einfach nur Lipper und fühlen sich als eigene Nation!
Denn für einen echten Lipper gehört Deutschland schon immer zu Lippe und nicht umgekehrt!

Somit ist der Beweis erbracht, dass die Lipper auch eine gute Portion Humor besitzen – wie dieses Buch beweisen soll.

Viel Vergnügen beim Lesen wünscht

Kurt von der Heide

Ein Brief an die Eltern

Seit ich mein Zimmer in Voßheide gegen eines an der Uni in Berlin getauscht habe, war ich, was das Briefe schreiben angeht, sehr säumig. Es tut mir leid, dass ich so unachtsam war und nicht schon früher geschrieben habe.

Ich will Euch nun auf den neusten Stand bringen, aber bevor Ihr anfangt zu lesen, nehmt Euch bitte einen Stuhl. Ihr lest nicht weiter, bevor Ihr Euch gesetzt habt! Okay?

Also, es geht mir inzwischen wieder einigermaßen. Der Schädelbruch und die Gehirnerschütterung, die ich mir zugezogen hatte, als ich aus dem Fenster des Wohnheimes gesprungen bin, nachdem dort kurz nach meiner Ankunft ein Feuer ausgebrochen war, sind ziemlich ausgeheilt. Ich war nur zwei Wochen im Krankenhaus und kann schon fast wieder normal sehen und habe nur noch einmal am Tag diese wahnsinnigen Kopfschmerzen.

Glücklicherweise hat der Tankwart einer Tankstelle das Feuer im Wohnheim und meinen Sprung aus dem Fenster gesehen und die Feuerwehr sowie Krankenwagen gerufen. Er hat mich auch im Krankenhaus besucht. Das Wohnheim war abgebrannt. Ich wusste nicht wo ich unterkommen sollte, da hat er mir netterweise angeboten, bei ihm zu wohnen. Eigentlich ist es nur ein Zimmer im 1. Stock, aber es ist doch recht gemütlich.

Er ist ein sehr netter Junge und wir lieben uns sehr und haben vor zu heiraten. Wir wissen noch nicht genau wann, aber es soll schnell gehen, damit man nicht sieht, dass ich schwanger bin. Ja, Mama und Papa, ich bin schwanger.

Ich weiß wie sehr ihr Euch darauf freut, bald Großeltern zu sein - und ich weiß, ihr werdet das Baby gern haben und ihm die gleiche Liebe, Zuneigung und Fürsorge zukommen lassen, die ihr mir als Kind gegeben habt.

Der Grund, warum wir nicht sofort heiraten, ist, dass mein Freund Aids hat, daher ist es uns momentan nicht möglich eine voreheliche Blutuntersuchung durchzuführen, denn auch ich habe mich angesteckt. Ich weiß, ihr werdet ihn mit offenen Armen in unserer Familie aufnehmen. Er ist nett und ehrgeizig, wenn schulisch auch nicht besonders ausgebildet. Da er eine andere Hautfarbe und Religion hat als wir, wird Euch das sicherlich nicht stören.

Jetzt, da ich Euch das Neuste mitgeteilt habe, möchte ich Euch sagen, dass es im Wohnheim nicht gebrannt hat, ich auch keine Gehirnerschütterung oder einen Schädelbruch hatte. Ich war auch nicht im Krankenhaus, ich bin nicht schwanger, nicht verlobt, habe mich nicht angesteckt und einen Freund habe ich ebenfalls nicht.

Allerdings werde ich das Studium nach dem zweiten Semester wieder abbrechen. Das Nachtleben ist so anstrengend, dass ich mich nicht mehr auf das Studium konzentrieren kann. Ich möchte, dass ihr dies alles in der richtigen Relation seht, denn es gibt Schlimmeres im Leben!

Eure Tochter Sarah

Autofahrer

In einer speziellen Klinik wurden eingewiesen
zwei kranke Lipper
Dabei ging es nicht um Beinbruch oder
Tripper
Sie erhielten Freigang durch einen Fehler
Der Wärter vertat sich um einen Zähler

Sie sahen einen Autolenker auf der Straße
liegen
Liefen hin um ihn zu kriegen
Sie riefen: „Brumm, brumm", und hielten bei
der nächsten Tanke an
Dachten: „Gleich sind wir mit tanken dran."

„Volltanken bitte", sagte der eine ganz locker
Der Tankwart dachte, es haut ihn gleich vom
Hocker
Meinte: „Ich zieh euch gleich eure lockeren
Schrauben an!"
Sagte der eine zum anderen: „Siehste, kaum
haben wir ein Auto, fangen gleich die
Reparaturen an!"

Ein Frühstücksgespräch

In Bad Salzuflen entwickelte sich zwischen einem Ehepaar ein interessantes Gespräch.

Sie: „Was würdest du machen wenn ich sterbe?"
Er: „Um dich trauern!"
Sie: „Wie lange?"
Er: „Sehr lange!"
Sie: „Warum?"
Er: „Weil ich dich liebe und dieser Verlust sehr schmerzlich für mich wäre. Darum!"
Sie: „Das ist lieb. Würdest du wieder heiraten?"
Er: „Nein!"
Sie: „Aber warum nicht? Bist du nicht gerne verheiratet?"
Er: „Doch bin ich."
Sie: „Also würdest du doch wieder heiraten?"
Er: „Ich denke, wenn ich lange genug getrauert habe und mein Leben wieder einen Sinn ergibt, dann ja."

Sie: „Würdest du mit ihr auch in unserem Bett schlafen?“
Er: „Wäre doch normal, oder?“
Sie: „Würdest du mein Bild durch ihres auf deinem Nachttisch ersetzen?“
Er: „Ich würde beide Bilder aufstellen.“
Sie: „Du hättest dann auch Sex mit ihr in unserem Bett?“
Er: „Wenn sich das ergibt, ja.“
Sie: „Würdest du mit ihr auch Golfen gehen?“
Er: „Ja, würde ich.“
Sie: „Und meine tolle Golfausrüstung dürfte sie dann auch benutzen?“
Er: „Das geht nicht, sie ist Linkshänderin.“
Seine Frau verschluckt sich am Kaffee und bekommt einen Hustenanfall!
Er: „Oh, Schei…“ weiter kam er nicht!
Der Rest ging in dem Knall einer schallenden Ohrfeige unter!

Der fliegende Klaus

In Lemgo im Krankenhaus
Da liegt zum ersten Mal der Klaus
Aus dem Koma er dann erwacht
Seine Liebste ins Gesicht ihn lacht

„Was ist passiert?" fragt er mit letzter Kraft
„Heute um drei, hast du das Fenster
aufgemacht
Da im sechsten Stock wir wohnen
Dachtest du: fliegen würd´ sich lohnen

Wolltest mir zeigen wie die Vöglein fliegen
Doch wie immer, kamst du auf deiner Fresse
dann zu liegen."
„Warum hast du mich nicht zurückgehalten?
Dann wär doch alles noch beim Alten."

„Du standest auf dem Fensterbrett mit einer
Flasche Bier
Du sagtest: ich dreh noch eine Runde, so bis
um vier
Das steigerte in mir den totalen Frust

Auf was ganz anderes, da hatte ich wirklich
Lust

Sah dich schwankend auf dem Fensterbrett
da draußen stehn
Rief laut zum Herrgott, damit er hörte mein
sehnlichstes flehn:
Ein neuer Engel macht sich auf den Weg zu
dir
Aber lasse ihn erst noch fliegen üben, er hat
ja Zeit bis um vier!"

Harte Sachen

Ein Student hatte im Keller des Elternhauses in Detmold für sich ein ganz neues Chemielabor eingerichtet. Den größten Teil seiner Freizeit verbrachte er damit, irgendwelche chemischen Substanzen zu vermischen.

Eines Tages kommt der Vater dazu, als sein Sohn etwas in die Wand schlug. „Stefan, klopf doch bitte keine Nägel in die Wand!" „Das ist kein Nagel, das ist ein Wurm! Ich habe eine Salbe entwickelt, die alle Dinge steinhart werden lässt!"

„Weißt du mein Sohn", meinte der Vater mit plötzlichem Interesse. „Wenn du mir die Salbe gibst, kaufe ich dir ein Auto." Als Stefan am nächsten Tag von der Uni nach Hause kam, standen zwei neue Autos vor der Tür.

„Wo kommen die beiden neuen Autos her?" wollte er von seinem Vater wissen. „Die sind beide für dich! Der Golf ist von mir und der extra lange Cadillac von deiner Mutter", schmunzelte der Vater.

Strafe muss sein

Drei Fußballer trafen sich durch Zufall im Urlaub in Saudi-Arabien. Ein Spieler kam aus Lemgo, einer aus Detmold und der dritte aus Lage.

Dieses zufällige Treffen musste natürlich gefeiert werden und sie tranken reichlich Alkohol, obwohl das in Saudi-Arabien verboten war. Die drei hatten Pech und wurden erwischt. Sie wurden dem Sultan vorgeführt und erhielten eine Strafe von 20 Peitschenhieben – für jeden!

Aber weil der Sultan Mitleid mit den Touristen hatte, durfte jeder vor Antritt der Strafe einen Wunsch äußern. Als erstes kam der Detmolder dran. Der überlegte und wünschte sich ein Kissen, das ihm auf den Rücken gebunden werden sollte. Doch das war nach fünf Hieben kaputt.

Danach kam der Lemgoer dran. Dieser wünschte sich ein großes Kissen. Bei ihm hielt es schon zehn Peitschenhiebe aus. Der Lagenser Fußballer war als letzter dran und meinte zur Überraschung aller: „Ich will kein

Kissen." Da staunte der Sultan. „Was willst du denn?"

„Bindet mir den Lemgoer auf den Rücken!"

Eine Zugfahrt

Ein Lemgoer Handball-Fan fuhr mit dem Zug. Auf einmal fährt der Zug die Böschung runter, ein Stück die Werre entlang, die Böschung wieder rauf und zurück auf die Schienen. Da fragte der Lemgoer Fan den Schaffner: „Was ist denn da passiert? Wir sind doch einmal die Böschung runter, ein Stück die Werre entlang, die Böschung wieder rauf und zurück auf die Schienen. „Das kann ich Ihnen auch nicht sagen, da müssen Sie den Zugführer fragen." Der Handball-Fan ging nach vorne und fragte den Zugführer: „Was war denn eben los? Sie sind doch einmal die Böschung runter, ein Stück an der Werre entlang, die Böschung wieder rauf und zurück auf die Schienen."

Antwortete der Zugführer: „Auf den Schienen stand ein Minden-Fan." „Aber da braucht man doch nicht ausweichen", meinte der Lemgoer. „Da haben Sie recht! Aber der Typ rannte die Böschung runter, ein Stück die Werre entlang, die Böschung wieder hoch und zurück auf die Schienen…"

Schwere Schweinekrankheit

In unserem Dorf Heiden brach - oh Graus -
vor kurzem die Schweinekrankheit aus.

Die Bäuerin war sehr besorgt um´s Vieh,
denn so was gab´s bei Ihr noch nie,
rief nach dem Doktor, dass er käme
und ihren Stall ins Auge nehme.

Der Doktor kam - besah die Schweine
und sagte: „Krank ist nur das eine!"
„Woran erkennt Ihr nun das eine
und nicht ein anderes meiner Schweine?"

Da sprach der Doktor auf ihr Drängen:
„Das eine lässt das Schwänzchen hängen."
„Ach, Herr Doktor, sagt, bevor Ihr geht,
was mach ich, damit das Schwänzchen wieder
steht?"

„Ein Pülverchen gebt," sagt er der Mutter,
„dem Tierchen täglich in das Futter.
Nach ein paar Tagen, Ihr werdet sehen

da wird das Schwänzchen wieder stehen.“

Da rief die Bäuerin wie besessen:
„Herr Doktor, Herr Doktor, beinah hätt´ ich´s
vergessen, ein Pülverchen gebt mir für
meinen Mann, denn der fängt auch schon mit
dieser Krankheit an!"

[22]

Geiselnahme

Auf der A2 nahe der Ausfahrt Bad Salzuflen, musste ein Autofahrer aus Blomberg im Stau stehen bleiben. Nach einiger Zeit kam ein Polizist und klopfte an die Scheibe. Der Autofahrer lies diese herunter und der Polizeibeamte begann zu reden.

„Wir haben eine Geiselnahme. Gangster haben den Bus der lippischen Fußball-Nationalmannschaft entführt. Sie verlangen 1 Mio.€ Lösegeld. Andernfalls wollen sie den Bus in Brand stecken und ich bin jetzt hier unterwegs, um zu sammeln."

„Wie viel geben denn die anderen im Durchschnitt?" wollte der Autofahrer wissen. „Na ja, im Schnitt fünf Liter…"

Falsch gedacht

Ein Blomberger, ein Barntruper und ein Bad Meinberger werden durch ein Justizirrtum zum Tode durch Erschießen verurteilt!

Sagt der Blomberger zu den anderen: „Ich habe gehört, dass diese Blödmänner vom Exekutionskommando sehr ängstlich sind. Vielleicht können wir das ausnutzen und fliehen!"

Er sollte zuerst hingerichtet werden. Als die Männer ihre Gewehre auf ihn richten schrie er laut: „Achtung Erdbeben!" Die Männer liefen weg und er konnte fliehen.

Nun war der Bad Meinberger an der Reihe. Als die Männer ihre Gewehre auf ihn gerichtet hatten, schrie er so laut er konnte: „Sturmflut!" Wieder liefen die Männer weg und auch er konnte fliehen.

„Was die beiden können, kann ich auch", dachte sich der Barntruper. Als die Männer dann die Gewehre auf ihn gerichtet hatten, rief er ganz laut: „Feuer!"

Manöver

In Augustdorf befahl der Oberst ein Manöver. Danach beobachtete er seine Soldaten, wie sie es anstellten, als Bäume getarnt im Wald zu stehen. Plötzlich fängt einer dieser Bäume an, wie wild zu laufen. Es war der Hans aus Hedderhagen.

„Mann, was rennen Sie hier entgegen Ihrem Befehl im Wald herum?" schrie der Oberst wutentbrannt.

„Herr Oberst, zuerst hob ein Hund das Bein an mir, dann schnitzte ein Liebespaar mir ein Herz in den Hintern..." „Na und? Ein Soldat muss solche lächerlichen Schmerzen ohne mit der Wimper zu zucken, ertragen!"

„Das war aber noch nicht alles, Herr Oberst. Zum Schluss krabbelten mir zwei Eichhörnchen die Hosenbeine hoch! Ich hörte die beiden wispern: Also, du nimmst das rechte Nüsschen und ich das linke. Den Zapfen heben wir uns für den Winter auf...!"

Die Meinung der Ehefrau

Sechzig Jahre wird der Bernd nun alt
Seine Frau die lässt das nicht kalt
Dem ganzen Bexterhagen
Will sie ihre Not nun klagen

Vorne grau und hinten kahl,
Ach, die Jugend war einmal.
Aber was nutzt denn das Gewimmer,
Es kommt ja noch viel schlimmer:
Haare wachsen aus den Ohren,
Der Geruchsinn geht verloren
Und du hast damit zu kämpfen,
Den Nasensaft zu dämpfen,
Der sich an der Spitze sammelt
Und als Tropfen runter bammelt.
Deine Zähne werden lose,
Denn du hast Parodontose.
Schmerzhaft, wie sie einst gekommen
Werden sie jetzt dir genommen.
Und das künstliche Gebiss
Ist sehr oft ein Hindernis.
Im Profile wirst du kläglich,
Denn der Bauchumfang wächst täglich.

[26]

Und der kleine Nabelfleck
Liegt ganz tief und ist voll Dreck.
Weiter südlich von dem Nabel
Bist du auch nicht mehr passabel.
Unten wird der Bauch schon faltig,
Der Urin wird zuckerhaltig.
Der Popo, einst prall und rund
Leidet stark an Muskelschwund.
Selbst des Mastdarms welke Falten
Können kaum den Stuhlgang halten.
Wenn dir mal ein Wind entfleucht,
Wird dir meist das Hemd auch feucht.

Mächtig stören deinen Frieden
Walnussgroße Hämorrhoiden.
Und die alte, einst so gute,
So genannte "Wünschelrute"
Hängt als wesenloser Schlauch
Unterm faltenreichen Bauch.
Ihre Schwellung hat sich nach oben,
Zur Prostata hin verschoben
Und ist an dieser Stelle
Keine reine Freudenquelle.
Weiter unten, um es noch zu schildern,
Fehlt es nicht an bunten Bildern.

[27]

Von den Knien bis zu den Haxen
Sind Krampfadern dir gewachsen.
Borsten hast du an den Waden,
Die auch deiner Schönheit schaden.
Und die holde Weiblichkeit
Wittert das und weiß Bescheid.
Wer weiß, was mir sonst noch droht,
So langsam sehe ich wirklich rot!

Geht eine Frau auf Reisen…

Peter aus Schwalenberg schrieb diesen Brief an seine Frau, die zum ersten Mal ohne ihn in den Urlaub gefahren war:

Du brauchst Dir keine Sorgen zu machen. Hier ist alles in bester Ordnung. Zum Mittagessen gehe ich nicht, ich koche mein Essen selbst. Ich weiß einfach am besten, was ich brauche und wie für mich persönlich eine gute und ausgewogene Ernährung aussieht. Die Zubereitung und das Kochen der Mahlzeiten sind für mich auch gar nicht weiter problematisch.

Ich staune täglich mehr, wie alles klappt. Nur musst Du im Kühlschrank mehr Ordnung halten. Wahrscheinlich hattest Du dort Zement stehen. Ich habe mir Pfannkuchen gebacken, aber sie sind hart wie Granit geworden. Als ich sie zerkleinert hatte, ist der Hammerstiel abgebrochen.

Da ich jedoch auch ein schnelles Essen benötigte, habe ich mir einmal Bratkartoffeln gemacht. In der Zwischenzeit war ich beim Bäcker Brötchen holen. Die Emaille der Pfanne war jedoch inzwischen zerschmolzen. Ich habe aber nie geglaubt, dass sie so wenig widerstandsfähig ist. Der Rauch in der Küche ist auch schon wieder abgezogen, aber unser Kanarienvogel ist schwarz wie ein Rabe und hustet stark. Morgen will ich mal mit ihm zum Tierarzt gehen. Sag' mal, Liebling, wie lange müssen eigentlich Eier kochen?

Ich habe sie zwei Stunden lang kochen lassen, aber sie sind nicht weich zu kriegen. Schreibe mir doch bitte mal, ob man angebrannte Milch noch verwenden kann, oder soll ich sie für Dich aufheben? Oder soll ich sie sogar weggießen?

Eine weitere Frage, mein Liebling: Hast Du das eigentlich auch schon einmal gehabt, dass Dir unser Geschirr, das schmutzige meine ich, verschimmelt ist? Wie ist so etwas bloß in der kurzen Zeit möglich?

Am Dienstag, mein Liebling, hatte ich aber leider zum ersten Mal vergessen, unsere Wohnungstür abzuschließen. Es muss aber jemand da gewesen sein, denn es fehlen jetzt einige Sachen. So haben wir nun auch keine Wertsachen mehr, aber das Geld allein macht ja doch nicht glücklich. Der Kleiderschrank ist auch leer. Aber es kann ja nicht viel drin gewesen sein, denn Du sagtest oft genug zu mir, dass Du nichts mehr zum Anziehen hättest.

Außerdem geht es ja wieder auf den Sommer zu, dann wird auch unsere Wohnung wieder austrocknen. Ich habe nämlich vergessen, nach dem Baden den Wasserhahn wieder zuzudrehen. Zum Glück ist das Wasser nicht bei uns stehen geblieben und ist schnell abgelaufen.

Denk mal an, Liebes, die Meiers von unten waren bei uns, wir sollen ihnen neue Möbel kaufen und auch noch die Wohnung ganz neu herrichten lassen. Du weißt am besten, wie und wo man preiswert einkauft.

Übrigens, gib nicht so viel Geld aus, damit wir nach Deiner Rückkehr noch etwas zum Leben haben. Viel besser wird es ganz sicher werden, wenn Du als Reinemachefrau noch ein paar Euro dazu verdienst.

Ich mache mir deshalb wirklich keine Sorgen und habe Dir auch gleich eine Stelle besorgt, denn dazu hatte ich doch jetzt Zeit genug. Weißt Du was, mein Liebling, ich habe nämlich nur ein paar Mal Krach im Geschäft gehabt, weil ich oft zu spät gekommen bin. Wegen dieser Kleinigkeit habe ich vom Chef gleich die Kündigung erhalten.

Erhole Dich noch gut, damit Dir dann die Arbeit nicht schwer fällt. Essen haben wir jedenfalls in den nächsten Tagen auch ausreichend. Als ich in den Stall ging, um die Kaninchen zu füttern, ist mir doch die Kerze umgefallen. Fünf von diesen armen Tierchen sind verbrannt. Der Stall stand im Augenblick in hellen Flammen. Ich konnte aber nur noch die leeren Näpfe retten. Aber das ist doch nicht schlimm, denn wir wollten die Tiere ja sowieso schlachten. Nun, hoffentlich halten sie sich, bis Du kommst.

Beinahe hätte ich das Wichtigste noch vergessen. Unser Kater, dieser Peter, ist in Wirklichkeit gar kein Kater und hat gestern sogar Junge bekommen. Sie liegen alle in deinem Bett. Du müsstest mal sehen, wie reizend das aussieht. Damit will ich aber heute schließen, morgen mehr.

Viele herzliche Grüße und Küsse.

Geständnis einer Frau

Ich bin eine Frau, die aus Fehlern besteht,
Eine Frau, die nichts von der Wirtschaft
versteht.
Ich kann nicht kochen und nicht flicken,
Ich kann nicht häkeln und nicht stricken.
Doch eines gibt's, was ich wunderbar kann,
Das schätzt an mir auch jeder Mann
Und daran werde ich so leicht
Von keiner ander'n Frau erreicht.
Ich kann's von vorne und von hinten,
Ich kann es auch langsam und geschwind.
Ich kann es seitlich und im Bücken,
Ich kann es gut auch auf dem Rücken.
Ich kenne das in jedem Brauch,
Und auf dem Bauch, da kann ich's auch.
Ich fing damit schon zeitig an.
Gelehrt hat's mir ein junger Mann.
Der war sehr jung und auch sehr kräftig,
Er zeigte sich darin sehr heftig.
Am Anfang war mir ziemlich bange,
Ich hatte Angst vor seiner Stange.
Der erste Sprung wollte nicht gelingen,

Da hörte ich die Engelein singen.
Doch war das Tempo bald gefunden,
Der Widerstand war überwunden.
Und mit der Zeit kam die Routine.
Ich bleibe schlank wie eine Lilie.
Und wie gesagt, ich werd' so leicht
von keiner ander'n Frau erreicht.
Ich lieb es morgens und das ist gut,
da ist man so schön ausgeruht.
Am Abend es am schönsten ist,
Eh' die Sonn' am Untergeh'n ist.
Ich tu' es auch bei Dunkelheit und Licht
Und wenn mich mal die Laune packt,
So tu' ich's auch mal pudelnackt.

Sehr schön ist es, wenn man zu zwei'n,
Schöner noch sogar zu drei'n.
Sie werden es vielleicht nicht glauben,
Ich bin ein Freund von Gummihauben.
Ich hab' euch nun genug geneckt
Es ist ein Doppelsinn versteckt:
Ich sprach gewiss nicht von was Schlimmen,
Das, was ich kann, ist nämlich Schwimmen

Der Pfleger

Der Pfleger aus Lage pflegt so vor sich hin
Schielt dabei nach der Pflegerin
Die Pflegerin fühlt sich dabei nicht wohl
Denn der Pfleger riecht nach Menthol

Der Pfleger würde gerne rauchfrei leben
Sein ganzes Geld für die Pflegerin geben
Dieser ist das aber ganz egal
Denn des Pflegers Atem ist eine Qual

Der Pfleger weiß nicht mehr weiter
Er ist still und nicht mehr heiter
Die Pflegerin kostet ihm all seine Kraft
Er weiß nicht wie lange er es noch schafft
Der Pfleger startet mit einer Rolle in den Tag
Knallt vom Bett herunter ziemlich hart
Er fühlte sich heute sehr gymnastisch
Doch auf dem Boden war das nicht
fantastisch

Der Pfleger fiel über ein Kabel das war dumm
Denn er machte den Rücken viel zu krumm

Dann trainierte er auf dem Stuhl seinen
Beckenboden
Er stürzte um und klemmte sich die Hoden

Der Pfleger wird nun selbst Patient
Er isst und trinkt und pennt
Und so muss die Pflegerin
Nun jeden Tag zum Pfleger hin
Des Pflegers Traum wurde endlich wahr
Die Pflegerin ist für ihn nun da
Und so lebten sie dahin
Der Pfleger und die Pflegerin

Die Geliebte

Friedrich aus Bega saß mal wieder allein und einsam abends vor dem Fernseher. Seine Frau hatte ihn vor Monaten wegen eines anderen Mannes verlassen. Es lief ein Film, der ihm klar machte, welches aufgestaute Verlangen sich hocharbeitete.

Friedrich schloss die Augen, überließ sich seinen Gedanken und dachte an das letzte Mal. Er sah sie wieder und seine Knie wurden weich. Er wollte sie fest an sich pressen, aber Friedrich konnte sich beherrschen und brachte sie doch noch nach Hause. Er war berauscht von ihrem Duft und freute sich, endlich mit ihr allein zu sein. Er begann sie ganz langsam zu entkleiden. Sie wehrte sich nicht und ließ es geschehen. Eine Hülle nach der anderen fiel und jetzt lag sie vor ihm, mit all ihren Reizen.

Friedrich holte tief Luft und begann zu zittern. Er konnte sich nun doch nicht mehr beherrschen. Mit Lippen, Zunge und Zähnen erkundete er ihren Körper. Er öffnete schwer atmend seine Augen, sah neben sich und wie schade, sie war weg – die Tafel Schokolade!

Vom anderen Stern

Ein LKW-Fahrer fährt auf der Landstraße in Richtung Voßheide, als er plötzlich ein kleines blaues Männchen am Straßenrand stehen sieht.

Er hält an und fragt: „Na, was bist du denn für einer?" Das blaue Männchen antwortet: „Ich komme von der Venus, bin schwul und habe Hunger!" Der LKW-Fahrer antwortet: „Tut mir leid, ich kann dir nur ein Brötchen geben, das ist alles, was ich für dich tun kann!" Er gibt dem blauen Männchen ein Brötchen und fährt weiter, bis er am Straßenrand ein kleines rotes Männchen stehen sieht.

Er hält wieder an und fragt: „Na, was bist du denn für einer?" Das kleine rote Männchen sagt: „Ich komme vom Saturn, bin schwul und habe Durst!" Der LKW-Fahrer gibt dem roten Männchen eine Cola und sagt: „Tut mir leid, das ist alles, was ich für dich tun kann!" und fährt weiter.

Schließlich sieht er ein kleines grünes Männchen am Straßenrand stehen. Er hält wieder an und sagt: „Na, du kleines grünes,

schwules Männchen, was kann ich dir denn
geben?" Sagt das kleine grüne Männchen:
„Führerschein und Fahrzeugpapiere, bitte!"

Ein altes Ehepaar

In Donop, wo die Störche zu Hause sind
Wohnt ein Ehepaar, das jeder kennt
Sitzen im Garten und beobachten des
Nachbars Kind
Denken an ein Feuer, das nicht mehr in ihnen
brennt

Plötzlich holt die Frau ganz weit aus
Und gibt eine schallende Ohrfeige ihrem
Mann
Der kommt aus dem Staunen nicht heraus
Weil er das überhaupt nicht verstehen kann

„Wofür soll das denn sein?" will er natürlich
wissen
„40 Jahre schlechter Sex muss bestraft jetzt
endlich werden!
Ich war für dich doch nur ein sanftes
Ruhekissen
Sowas gibt es nicht noch mal auf Erden!"

Sein Schweigen dauert aber nur eine kurze
Ewigkeit

[40]

Dann holt er aus und gibt zwei Ohrfeigen
seiner Frau
Er steht auf und schreit:
„Das find ich von dir unter aller Sau!

All die Jahre hab ich dir vertraut
Warst mehr als nur ein Ruhekissen
Habe nie eine andere angeschaut
Wie kannst du Schlampe den Unterschied
zwischen guten und schlechten Sex dann
wissen?"

Eine Frau mit Kennerblick

„Na, wurde mal wieder Zeit!", lachte mich Rita an, nachdem sie mit Kennerblick meine „Not" sofort erkannt hatte. Sie hockte in ihrer üblichen Position vor mir, beugte nun wieder ihren Wuschelkopf, bis ich ihn kaum noch sehen konnte und begann, sich intensiv meiner unteren Region zu widmen.

Auch heute war sie mit diesem kurzen dünnen Jäckchen bekleidet, das mich entfernt an das Baby-Doll-Oberteil aus einem Film mit Doris Day von 1960 erinnerte.

Seltsam, diesmal hatte ich seit meinem Eintreffen richtig Herzklopfen gespürt. Obwohl wir uns so lange kennen! Vielleicht, weil das letzte Mal schon länger her war. Dabei war alles wie immer: Brav hatte ich mich in diesen kleinen, kuscheligen Raum begeben, hatte abgelegt, mich wie üblich ganz flach hingelegt und dann auf Ritas Kommen gewartet. Ich habe permanent zur Decke gestarrt, das Spiel von Licht und Schatten beobachtet, verursacht durch die sanfte Bewegung der Vorhänge am Fenster, und mich langsam beruhigt. Endlich ging die Tür auf und eigentlich brauchte ich gar nicht hinsehen: Man erkennt sie sofort an ihren kleinen Trippelschritten, mit denen sie regelrecht herein tänzelt. Jetzt, wo sie endlich da war, peilte ich über meinen stattlichen Bauch und sah ihren Kopf da hinten zwischen meinen Beinen sich hin und her bewegen. Ich machte mich wieder ganz lang, suchte die bequemste Position. Wie immer hielt ich meine Beine schön gespreizt, dass Rita gut Platz hatte, versuchte, zu entspannen. Einfach nur noch die Augen schließen und sie machen lassen, das ist in diesem Moment meine Devise. Papagei ist daraufhin ganz still. Auch als die dicke Frau wieder vorbeikommt, gibt er k Gleich bei meinem ersten Date bei ihr war mir dieses ganz alte Lied von den Beatles eingefallen, von der LP Sergeant Pepper's: Lovely Rita. Auch heute summte ich ganz leise die Melodie vor mich hin und ich bekam wieder dieses warme Gefühl im Bauch, ein untrügliches Zeichen, dass es mir saugut ging. Seitdem ich Rita für mich entdeckt hatte, war ich Feuer und Flamme für ihre Dienste. Jemand hatte sie mir heiß empfohlen. Und tatsächlich, danach war mir immer, als wäre ich neu geboren. Nun gut, manchmal tat es etwas weh. Denn sie konnte einen richtig ran nehmen, wenn sie es für notwendig hielt. Da spürte man ihre ganze Erfahrung, wie sie an die Grenze des Erträglichen ging. Für mich war es so etwas wie zwischen Lust und …ja, Leid, kann man durchaus sagen. Und dann diese Geräusche, dieses schrille Gekreische, wenn sie ihr „Höllenteil" einsetzte, ganz so, wie es ihr in den Sinn kam, wenn die Hände allein es nicht schafften. Das gibt mir inzwischen einen richtigen Kick. Klingt irgendwie pervers, ich weiß. Tut aber so gut! Hätte ich früher nicht für möglich gehalten, dass es eine spezielle Apparatur dafür gibt. Gelegentlich kam es mir in den Sinn, mich aufzurichten, um just dabei zuzusehen, aber dann mochte ich doch nicht. Denn ich schätzte gerade diese kleinen Überraschungsmomente der Berührung, mit was auch immer und an welcher Stelle auch immer.

Inzwischen war ich einfach total entspannt. „Nun kommt das Beste, der krönende Abschluss!" Sie schaute fröhlich zwischen meinen Beinen hoch, eine Locke war ihr keck in die Stirn gefallen, ihre Augen blitzen und sie zeigte mir ihre feuchten Finger. Das milchige Zeug rann über ihre Händen, tropfte fast auf den Boden. „Jetzt massiere ich alles schön ein."

Das war nicht so nach meinem Geschmack, aber inzwischen hielt ich still, Widerstand war bei ihr zwecklos. Trotz regelmäßigen Protests meinerseits wollte sie nicht davon ablassen. Es gehöre einfach zu ihrer Dienstleistung, wie sie meinte. Ich fand den Geruch etwas streng, aber was soll's. Zu Hause habe ich es gleich wieder abgewaschen. Rita war stadtbekannt, gerade für die Art, wie sie ihren Job ausführte, und darum ließ man sie am besten gewähren. Endlich fertig. Eigentlich schade, die Zeit war regelrecht verflogen.

„24 Euro", sagte sie, ich gab wie immer runde 25. „Stimmt so. Danke, ich melde mich dann natürlich sofort bei Ihnen, wenn es wieder nötig ist." So eine richtig perfekte Fußpflege ist was Tolles.

Missverständnis

Rechtsanwalt Dr. Xaver Müller aus Holzhausen telefonierte zur Klinik in Lemgo, um sich nach seiner Frau zu erkundigen, die heute Morgen operiert worden war.

– *Hallo, ist dort die Klinik? Ich möchte den Herrn Chefarzt sprechen.*
– Augenblick, verbinde sofort.
– Habe ich die Ehre mit Dr. Müller?
– *Bin selbst am Apparat.*
– Womit kann ich dienen?
In diesem Moment wurde die Verbindung unterbrochen und es meldete sich der Inhaber einer Autoschlosserei, Meister Ingo Stern, der gerade mit einem Kunden über eine Reparatur spricht.

 Hallo, sind Sie noch am Apparat?
– Natürlich, es ist alles in bester Ordnung. Morgen können Sie sie wieder abholen.
– *Was, morgen schon? Hat sie denn alles gut überstanden?*
– Natürlich, allerdings war die Arbeit nicht leicht. Wir haben ihr ein Vorderteil anmontiert.

□ *Vorderteil? Was Sie nicht sagen!*

□ Jawohl! Die Büchse war schon ziemlich ausgeleiert. Sie haben mit ihr wohl ein flottes Tempo angeschlagen.

□ *Ach bitte, was erzählen Sie da?*

□ Bitte, widersprechen Sie mir nicht, ich bin ja schließlich ein Fachmann auf diesem Gebiet.

□ *Das unterliegt keinem Zweifel.*

□ Übrigens deutet eine starke Abnutzung an der Seitenwand darauf hin, dass ihr Kolben nicht mehr saugt. Er ist schon sehr alt und abgenutzt. Gestern haben wir einen neuen Kolben ausprobiert und waren alle von dem Versuch begeistert. Fabelhaft hielt sie die Spannung aus. Später unterzogen wir sie einer Belastungsprobe. Aber nach einer gründlichen Einschmierung mit Vaseline bestiegen wir sie gestern mit vier Spezialisten hintereinander. Sie hat das alles fabelhaft überstanden. Das Vorderteil dichteten wir mit einer Gummilage ab. Die Rückwärtsbewegung fiel trotz grober Abnutzung zur vollen Zufriedenheit aus - man kann jedenfalls nicht mehr verlangen. Nach diesem Eingriff können Sie sie wieder einige

Jahre gebrauchen. Unabhängig davon müssen Sie...

Leider konnte der Rechtsanwalt nicht mehr weiterhören, da er in Ohnmacht gefallen war.

Städterivalen

Im Zug von Hannover nach Detmold, saßen im Abteil eine Mutter und ihre attraktive Tochter. Es steigen zwei Fahrgäste zu: ein Bielefelder und ein schweigsamer Lipper. Plötzlich fährt der Zug durch einen Tunnel. Im stockfinsteren Abteil hört man plötzlich das Schmatzen eines Kusses und gleich darauf das Klatschen einer Ohrfeige. Als der Zug den Tunnel verlässt und es wieder hell wird, hat der Bielefelder eine knallrote Wange. Die Mutter denkt: „Aha, da wollte wohl dieser Bielefelder meine Tochter anbaggern, aber da sie ein sehr anständiges Mädchen ist, hat sie ihm eine gescheuert." Die Tochter denkt: „Hoho, da wollte dieser Bielefelder mich bestimmt anbaggern, hat aber meine Mutter erwischt, und die hat ihm eine geknallt." Der Bielefelder denkt: „Mist, da hat wohl der Lipper die Tochter angebaggert, diese wollte ihm eine scheuern, hat aber aus Versehen mich getroffen." Der schlaue Lipper denkt: „Hihi, im nächsten Tunnel schmatze ich nochmal auf meinen Handrücken und pfeffere dem Bielefelder wieder eine rein!"

Eine Verkehrskontrolle

Eine Blondine wird von einem Polizisten in Pivitsheide angehalten. Der Polizist tritt ans offene Fenster und verlangt nach ihrem Führerschein.
Die Blondine fängt an in ihrer Tasche zu suchen.
Nach etwas mehr als drei Minuten fragt sie: „Was soll das denn sein: ein Führerschein?"

Der Polizist überlegt kurz und antwortet: „Das können sie aufklappen und dann sehen sie bestimmt ein sehr schönes Bild von Ihnen."

Die Blondine nimmt ihren Spiegel hervor und reicht ihn mit einem Lächeln dem Polizisten.

Der Polizist klappt ihn auf und schaut hinein. Nach einer langen Minute konzentrierten Nachdenkens klappt er den Spiegel zu und sagt zu der immer noch lächelnden Blondine: „Sie hätten schon von Anfang an sagen können, dass sie Polizistin sind!"

Tiergespräch

Weinend saß der kleine Hase am Waldrand des Teutoburger Waldes. Da kam ein schwarzes Pferd vorbei, das jeden Tag mit Begeisterung den Hermannsweg langtrabt und fragt: „Aber Hase, warum weinst du denn?"

„Der Bär ist hier vorbei gekommen und hat mich gefragt, ob ich stark fußele. Da habe ich natürlich „Nein" gesagt und er hat mich dann genommen und als sein Klopapier benutzt."

Am nächsten Tag trabte das Pferd wieder durch den Wald und trifft wieder auf den kleinen Hasen. Diesmal kugelt sich dieser vor Lachen auf dem Boden.

„Warum lachst du denn so, Hase?", fragte das Pferd. Antwortete der Hase: „Heute hat der Bär den Igel gefragt!"

Ein Hofgespräch

Zwei Nachbarinnen unterhalten sich auf dem Hof in Nienhagen.
Meint die eine: „Bald werden wir in einer schöneren Umgebung wohnen!"
Entgegnet die andere kühl: „Und wir in einer ruhigeren Gegend!"
„Ach sie ziehen auch um?" „Nein, wir bleiben hier..."

Unersetzbar

Eine Hausfrau steht, mit der linken Hand einen Vibrator hinter ihrem Rücken versteckend, an der Haustür, als Ihr Mann überraschend hereinkommt:
„Schatz, was ist los? Warum kommst du denn heute schon so früh, und warum weinst du?"
Darauf antwortet dieser total zerknirscht und verzweifelt:
„Ich bin gefeuert worden - man hat mich in der Firma durch eine Maschine ersetzt!"

Naturkundeunterricht

In der Grundschule Pivitsheide
Unterrichtet Lehrer von der Heide
Der Lehrer versucht anhand von Bildern,
Den Kindern die Natur zu schildern.
Er spricht von Tier- und Pflanzenwelt.
Als zum Schluss die Glocke schellt,
Da sagt er zu den kleinen Wichten,
Sie sollen morgen ihm berichten,
Wie überhaupt der Mensch entsteht.
Das kleine Volk steht auf und geht
Und bringt bei der Gelegenheit
Die Eltern in Verlegenheit.
Auch Fritzchen ist nach Haus' gekommen,
Er hat sich Vater vorgenommen
Und ihm die Frage gestellt:
„Wie kommt der Mensch auf diese Welt?"
Dem Vater wird schon bang und bänger,
Sein Gesicht wird immer länger.
Doch dann besinnt er sich und lacht:
„Der Mensch, der ist aus Lehm gemacht."
„Au!" denkt Klein-Fritzchen, „das ist famos,
Da hol' ich schnell mir einen Kloß

Von nebenan, von Töpfer Schmidt,
Den nehm' ich dann zur Schule mit.
Ich will nicht so 'nen ganz großen
Und steck ihn einfach in die Hosen."
Und als dann nun am nächsten Tage
Der Lehrer stellt seine Frage,
Erhielt er Antwort auch sogleich:
„Der Mensch kommt aus dem Storchenreich".
Nur Fritzchen sitzt ganz still und stumm
Und kramt in seiner Hose rum.
Und plötzlich ruft er: „Quatsch mit Soße,
Ich hab' das Ding in meiner Hose,
Womit die Schöpfung vor sich geht
Und wo dann draus der Mensch entsteht.
Von wegen Storch, so seht ihr aus,
Wenn ihr's nicht glaubt, ich hol' ihn raus".
Da sagt der Lehrer ganz beflissen:
„Lass ihn nur drin, du scheinst es zu wissen."

Das liebste Hobby

Des Lippers größter Hochgenuss
Ist ohne Zweifel wohl der Kuss.
Er ist beliebt, er macht vergnügt,
Ob man ihn gibt, ob man ihn kriegt.
Er kostet nichts, ist unverbindlich
Und vollzieht sich immer mündlich.
Hat man die Absicht, dass man küsst,
So muss man erst mit Macht und List
Den Abstand zu verringern trachten
Und dann mit Blicken zärtlich schmachten.
Die Blicke werden tief und tiefer,
Es nähern sich die Unterkiefer.
Man pflegt dann mit geschlossenen Augen
Sich aneinander festzusaugen.
Jedoch nicht nur der Mund allein
Braucht eines Kusses Ziel zu sein.
Man küsst die Wange und die Hände
Und auch noch and're Gegenstände,
Die ringsherum mit Vorbedacht
Sämtlich am Körper angebracht.
Auch wie man küsst, das ist verschieden,
Im Norden, Osten, Westen, Süden.

So mit Bedacht und mit Gefühl,
Der eine heiß, der and're kühl.
Der eine haucht, der and're schmatzt,
Als ob ein alter Reifen platzt.
Hingegen wiederum der Keusche
Vermeidet jegliche Geräusche.
Der eine kurz, der and're länger,
Den längsten nennt man Dauerbrenner.
Ein Kuss ist, wenn zwei Lippenlappen
In Liebe aufeinander klappen
Und dabei ein Geräusch entsteht,
Als wenn die Kuh durch Matsche geht.

Die Verfolgungsjagd

Nach einer wilden Verfolgungsjagd von Detmold über Heidenoldendorf bis nach Augustdorf stoppt die Polizei den Harald.

„So viel Spaß hatte ich den ganzen Tag nicht", meinte der ranghöchste Polizist. „Wenn Sie eine richtig gute Entschuldigung haben, bekommen Sie nur einen Strafzettel und den Führerschein dürfen Sie dann ausnahmsweise behalten."

„Vor drei Wochen hat mich doch meine Frau wegen eines Polizisten verlassen", erklärt Harald. „Und als ich Ihr Auto kommen sah, fürchtete ich, Sie wollten sie zurückbringen."

Das perfekte Paar

In Schötmar lebten einmal ein perfekter Mann und eine perfekte Frau. Sie begegneten sich, und da ihre Beziehung perfekt war, heirateten sie. Die Hochzeit war einfach perfekt.

Und ihr Leben zusammen war natürlich ebenso perfekt. An einem verschneiten und stürmischen Weihnachtsabend fuhr dieses Paar eine sehr kurvenreiche Straße entlang. Sie bemerkten am Straßenrand jemanden, der offenbar eine Panne hatte. Sie hielten an, um zu helfen.

Es war der Weihnachtsmann mit einem riesigen Sack voller Geschenke. Da sie die vielen Kinder aber am Weihnachtsabend nicht enttäuschen wollten, lud das perfekte Paar den lieben Weihnachtsmann mitsamt seiner Geschenke in ihr Auto. Und bald waren sie dabei, die Geschenke zu verteilen.

Sie beeilten sich, aber die drei sahen nicht, dass die ganze Arbeit auch weniger wurde. Unglücklicherweise verschlechterten sich die ohnehin schwierigen Straßenbedingungen immer mehr und schließlich hatten sie einen

Unfall. Nur einer der drei überlebte.
Wer war es?

Es war die perfekte Frau. Sie war die einzige, die überhaupt existiert hatte. Jeder weiß, dass es keinen Weihnachtsmann gibt und auch keinen perfekten Mann.

Klobesuch

Dieser Spruch war auf einer öffentlichen
Toilette in Detmold zu lesen!

Der Deckel geht auf,
die Hose geht runter.
Du setzt dich drauf,
noch bist du munter.
Das Drücken beginnt,
es wird immer mehr.
Die Zeit verrinnt
und nichts bleibt leer.
Eine Brise geht rum,
der Atem wird schwer.
Bald kippst du um,
frische Luft muss her.
Kein Fenster in Sicht.
Wo bist du hier?
Das gibt 's doch nicht
- kein Klopapier!

Ein besonderer Tag

Als der Peter aus Waddenhausen am heutigen Morgen erwachte, war es ein Tag wie jeder andere. Halt, nein, Stopp! Er hatte an diesem Tag etwas ganz Besonderes vor!

Freudig sprang er aus dem Bett und begab sich unter die Dusche. Er dachte daran, wie seine Frau wohl reagieren würde, wenn sie von seinem Vorhaben wüsste... verwischte den Gedanken jedoch rasch wieder. Schließlich erwartete er sie erst am späten Abend zurück - das war auch gut so - und bis dahin würde er genügend Zeit haben.

Nach dem Frühstück machte sich Peter zurecht und sah sich dann noch einmal in der Wohnung um. Es war alles bereit für seinen Plan - nur noch der Wein fehlte. Bevor er das Haus verließ, betrachtete er im Flur sein Spiegelbild. „Du hast heute viel vor, also steh' deinen Mann!" Mit diesen Worten machte er sich auf den Weg und begab sich zunächst direkt zu einer Weinhandlung, um drei Flaschen teuren, trockenen Rotwein zu besorgen. Anschließend fuhr er in freudiger Erwartung zu der vereinbarten Adresse, wo SIE ihn schon sehnsüchtig erwartete - noch nie hatte er sie vorher gesehen und war ganz begeistert.

Sie war wunderschön und genau in dem Alter, das er sich erhofft hatte - ca. 20 Jahre jünger als er! Er nahm sie mit nach Hause, wo er ungestört mit ihr sein durfte.

Es war das erste Mal, dass er so etwas vor hatte und in ihm erwachte ein Gefühl großer Erregung. Heute konnte er sich einmal so richtig gehen lassen und seinen animalischen Trieben nachgeben. Stürmisch entblößte er sie. Da lag sie nun bäuchlings vor ihm auf dem Tisch - breitbeinig und nackt!

Endlich war es soweit! Er streichelte ihre zarte Haut, griff spontan nach einer großen gewaschenen Karotte, die in seiner Reichweite lag, und drang damit erst zaghaft und schließlich genussvoll in sie ein, während sie ein leises zufriedenes Grunzen von sich gab...! Oh, welche Freude ihm das bereitete... er hätte nie gedacht, dass es so schön und aufregend werden würde, etwas Neues auszuprobieren.

Nun fesselte er ihre Beine, ließ sie jedoch für einen Moment schmoren, weil er durstig war und widmete sich der ersten Flasche Wein.

Diese Kleine war ja sowieso keineswegs mehr in der Lage, ihm zu entkommen. Rasch entkorkte er die Flasche und füllte zwei Gläser. „Mmmmhh...", der Wein war richtig temperiert und schmeckte gerade deswegen vorzüglich. Während er an seinem Glas unaufhörlich nippte, nahm er auch das andere Glas und goss dessen Inhalt über ihren nackten Körper.

Der gute Wein beflügelte zusehends seine Phantasie und seine unbändige Lust, so dass er sich nun nicht mehr zurückhalten konnte, die Kleine ganz nach Herzenslust so richtig heißzumachen bis sie nur noch leise, wohlige und gurgelnde Geräusche von sich gab. Anschließend deckte er sie - hilflos und nackt wie sie war - fürsorglich zu und begab sich mit der von ihm angebrochenen Flasche Wein ins Wohnzimmer.

Während er dann noch ganz versonnen und völlig mit sich zufrieden auf dem Sofa saß, hörte er, wie die Wohnungstür geöffnet wurde. Oh nein!! Seine Frau kam viel früher nach

Hause, als er erwartet hatte! Er eilte zu ihr in den Flur, um sie abzufangen... doch es war zu spät!

Sie hatte sofort bemerkt, dass etwas nicht stimmte und längst den Braten gerochen! Ihr Blick schweifte durch das Wohnzimmer. Erst dann sah sie ihn mit großen Augen an und war fassungslos: „Ich hätte nie damit gerechnet, dass du es wagst... Für wen ist das zweite Glas? Wo hast du sie versteckt?"

Sie wurde richtig laut. „Womit habe ich das verdient?"

Er grinste sie an und gab zur Antwort: „Ich habe nicht so früh mit dir gerechnet. Sie sollte doch nur noch eine halbe Stunde bleiben! Ich konnte aber der Versuchung einfach nicht widerstehen, dich zu überraschen! Alles Gute zum Hochzeitstag. Die Gans ist ja bald fertig, da können wir vor dem Essen noch ein Glas Wein trinken!"

Seine Frau konnte ihre Freude nicht mehr verbergen und küsste ihn innig für diese wunderschöne und gelungene Überraschung.

Geld durch Speck

Frau Elisabeth von Hagen
Kam aus dem kleinen Hedderhagen
Zu einer Party da sollte sie doch kommen
Die Einladung hat sie ganz schnell
angenommen
Frisch geduscht und parfümiert
Den Zopf ganz keck nach hinten dann frisiert
So stand sie vor dem Spiegel, diesem
Glasgestell
Hoffte auf Musik, Tanz und feschen
Mannsgesell
Sie lernte Friedrich kennen, der kam aus Lage
Der hatte einen Job, den fand man nicht so
alle Tage
Sie fragte ihn, wovon er tat so leben
„Ich lebe vom Speck, das hat sich so
ergeben."
„Ach, dann sind Sie wohl ein
Schlachtermeister?"
„Nein, ich bin ein weit Gereister.
Mein Beruf, der ist ganz bieder
Ich verkaufe Frauen ihren
Schlankheitsmieder!"

Der geizige Lipper

Heinz war ein Lipper und trotzdem schlau
Hatte ein Haus und auch eine Frau
Er war nicht geizig, sondern sparsam
Mit ihm darüber streiten war nicht ratsam

Beim Frühstück da wärmte er das Messer an
Damit seine Frau nicht zu viel Butter nahm
Zum Hochzeitstag wollte ein neues Kleid sie
gern haben
Da ging er zum Friedhof und begann flott zu
graben

Am nächsten Tag hielt er ihr ein Kleid dann
hin
„Erst beim 5. Grab hab ich´s gefunden, das
macht Sinn.
Du brauchst so eine große Größe
Kaum eine andere Frau gibt sich damit gern
die Blöße!"

Zärtliche Gedanken

Aus Pottenhausen geht der Jörg auf große
Reise
Bekam die Fahrt zum halben Preise
Für eine Person nur galt das Angebot
Wer fährt wurde einfach ausgelost

Die Reise geht hoch in den Norden
Nach Norwegen, in das Land mit den vielen
Fjorden
Einen Brief schrieb er nach wenigen Tagen
dann
Der kam nach kurzer Zeit zu Hause an

In dem stand dann geschrieben
„Liebste Rosi, wie tu ich dich doch lieben
Kann kaum einen Schritt nach draußen
lenken
Der Wind heult, dass Meer tobt, drum fühl ich
mich wie zu Hause und muss ständig an dich
denken!"

Das Leid einer Schildkröte

Es treffen sich zwei entlaufene Schildkröten im Kurpark von Bad Meinberg.

Voller Selbstmitleid vertraut sich die eine Schildkröte der anderen an.

„Ich halte das nicht mehr aus", jammerte sie. „Er will immer nur Sex, Sex, Sex. Er denkt alle hundert Jahre immer nur an das Eine! Das wird mir zu viel!"

Vater und Sohn

In Bega da ist ein Mann sehr glücklich
Denn er ist sparsam und sehr tüchtig
Seine Braut, das ist die Edeltraut
Eine Frau, die jeden Mann vom Hocker haut
So spricht der Vater mit dem Sohne
„Junge, was du vorhast ist nicht ohne
Genieße den heutigen Tag, es ist der
glücklichste in deinem Leben!
Einen besseren wird es nicht mehr geben!"
„Heute? Aber Papa, ich heirate doch erst
morgen!"
„EBEN!"

Die Wette

In Horn fällt ein Bauarbeiter, Herr Maier, vom Gerüst und verletzt sich tödlich. Jetzt jammert der Polier:

„Einer muss jetzt zu Frau Maier gehen und der sagen, dass ihr Mann nicht mehr lebt."

Er beauftragt einen neuen Mitarbeiter, die Botschaft zu überbringen. Nach einer Stunde kommt dieser mit zwei Kasten Bier zurück.

Der Polier: „Du bist ein Depp, du solltest doch nicht zum Supermarkt gehen um Bier zu holen, du solltest zur Frau Maier gehen und sagen, dass ihr Mann nicht mehr lebt!"

Darauf sagt der Neue: „Ja Chef, ich war bei Frau Maier! Da habe ich geklingelt und Frau Maier öffnete die Haustür." „Ja, und weiter", drängelt der Polier.

„Dann frage ich: Sind Sie die Witwe Maier?" Sagt Sie „Nein"! Daraufhin sage ich, wetten wir um zwei Kasten Bier?"

Ein schmerzhaftes DU

Gestern war ich sehr erschrocken
Völlig platt und von den Socken
Mein bester Freund kam zu Besuch
Trug um den Kopf ein dunkles Tuch
Im Gesicht viele blaue Flecken
Mit einer Hand hielt er sein Becken

Vom Anblick war ich sehr berührt
Habe ihn sofort ins Haus geführt
Auf einen Sessel ihn verfrachtet
Und ihn genau betrachtet
Dann fragte ich den armen Mann
„Wer hat dir DAS nur angetan?"

Leise hörte ich ihn sagen:
„Meine Frau die hat mich fast erschlagen
Ich habe es letzte Nacht gewagt
Und ganz frech DU zu ihr gesagt
Daraufhin kam sie in Rage
Und haute mir sofort in die Visage!"

„Nein, nein mein Freund das glaub' ich nie
Verheiratet und dann per SIE!?“
„Ja, sie sprach: sei endlich ein ganzer Mann
Und gib mir was als deine Frau ich erwarten
kann
Denn seit Monaten hatten wir schon keinen
Sex!“
Da platzte mir der Kragen und ich schrie
zurück: „Was heißt denn WIR – du meinst
wohl DU!“

Das Sparbuch ist sicher

Kommt eine ältere Dame aus Heiligenkirchen in ihre Bank, und will dort ein Sparbuch eröffnen und 1000 Euro einzahlen. Aber erst nachdem die Formalitäten erledigt waren, kam ihr ein Gedanke, der ihr Angst machte. Darum fragte sie:

Dame: „Ist mein Geld bei Ihnen auch sicher?"

Kassierer: „Klar doch!"

Dame: „Und was ist, wenn Sie Pleite machen?"

Kassierer: „Dann kommt die Landeszentralbank auf!"

Dame: „Und was, wenn die Pleite machen?"

Kassierer: „Dann kommt die Bundesbank auf!"

Dame: „Und wenn die Pleite macht?"

Kassierer: „Dann tritt die Bundesregierung zurück, und das sollte Ihnen nun wirklich die 1000 Euro wert sein!"

Dieters besonderer Tag

Vorbei ist Dieters erster Tag der Väter
Die Sonne lässt ihre Schatten fallen
Nach Hause kommt der junge Vater später
Konnte nicht sprechen – nur noch lallen.
Seid ihm nicht böse denn er wollte
Nicht wirklich so entgleisen
Doch als der Heinz den Wodka holte,
Da musste Lukas es beweisen.

Er ist der coolste Trinker hier
Und er verträgt am meisten
Egal ob Wodka oder Bier
Dieter glaubt er kann sich's leisten.
Dann steht er da, ein armer Wicht
Und möchte Euch was sagen
Allein die Treppe, schafft er nicht,
Vielleicht könnt ihr ihn tragen.

Der Dieter sagt, im nächsten Jahr
Da geh ich nicht mehr saufen
Doch spätestens am Vatertag
Da will er wieder laufen.

Der dämliche Eismann

In Belle ist Opa Heinz gestorben. Einige Tage nach der Beisetzung kommt Marlis, die jüngste Enkelin, um ihre Oma zu besuchen. Sie konnte zur Beerdigung nicht kommen, da sie im Ausland wohnt (in Paderborn)!!

Marlis wollte von ihrer Oma wissen, woran denn der Opa gestorben war. Die Großmutter zögerte einen Augenblick und versuchte dann zu erklären.

„Tja, meine Kleine, so seltsam es sich auch anhört, aber dein lieber Opa ist bei seinem wirklich schönsten Hobby gestorben. Und zwar beim Sonntag-Morgen-Sex." Marlis war völlig entsetzt. „Waaas, in eurem Alter hattet ihr noch Sex?"

Darauf die Oma. „Jaja, der Sonntagmorgen war immer unsere Lieblingszeit. Wir konnten uns an dem Rhythmus der Kirchenglocken orientieren. Beim Ding vor, beim Dong zurück. Das hat alles seit Jahren wunderbar geklappt!"

Die Enkelin glaubte nicht richtig gehört zu haben und fragte noch einmal nach. „Habe ich also wirklich richtig verstanden?"

„Das stimmt schon alles, doch an diesem Sonntag hatten wir ein Problem. Der letzte Glockenschlag war gerade verstummt, da kam der Eismann mit seinem Wagen und begann zu bimmeln…"

Mit geschlossenen Augen

Walter und Klaus, die sind aus Hagen
Walter tat über seine Frau sich laut beklagen
„Ich bin unglücklich, dass meine Frau mich
hat gefunden
Es hat bei ihr gefunkt, das dauerte nur ein
paar Stunden.“

Meinte Klaus: „Komm herunter von deinem
Thron
Du bekamst doch vom Schwiegervater
500 000€ als Finderlohn.“
Walter: „Das stimmt, aber abends da fangen
die Probleme an
Im Bett da lässt sie mich nur selten ran
Sie macht die Augen zu und liegt so steif im
Bett,
dass ich denke, unter mir da liegt ein Brett!“
Klaus: „Das ist seltsam, das muss ich schon
sagen
Mich tut sie immer wild durchs ganze Zimmer
jagen!“

Ein Missionar

Vor langer Zeit im lippischen Westen, will sich ein Wanderprediger ein Pferd kaufen, um auch die wilden Lipper zu missionieren. Bei einem Pferdehändler schildert er seinen besonderen Fall. Da meint der Verkäufer: „Da haben wir ein Pferd, ideal, wie für Sie gemacht. Auf das Kommando „Gott sei Dank" läuft es los, bei „Amen" bleibt es wieder stehn."

Der Prediger ist ganz begeistert und macht einen Proberitt: „Gott sei Dank." Das Pferd läuft los. Aus dem Dorf raus und über die Wiesen und Felder geht alles gut, bis das Pferd genau auf eine tiefe Schlucht des Teutoburger Waldes zu galoppierte.

Der Priester hat leider das Kommando zum Anhalten schon vergessen, er zerrt am Zügel, probiert alles, nichts hilft. Er fängt an zu beten: „Vater unser im Himmel, dein Wille geschehe - Amen." Das Pferd hält beim „Amen" an, genau einen Meter vor der Schlucht. Der Priester wischt sich den Angstschweiß von der Stirn, hebt seinen Blick zum Himmel und sagt: „Gott sei Dank..."

Der schlaue Heinrich

Jakob aus Mosebeck kommt mit einer 5 in Religion nach Hause. Der Vater ist sauer, geht am nächsten Tag in die Schule. Er fragt den Religionslehrer nach dem Grund für diese 5. Lehrer: „Also Heinrich, dein Sohn wusste nicht einmal das Jesus gestorben ist." Vater: „Das ist alles? Du weißt, wir wohnen weit außerhalb des Dorfes am Waldrand, ohne Fernseher. Ich wusste nicht mal, dass der Typ krank war!"

Ein flotter Papagei

Ein Manta braust über die B66 bei Lage. Das Fenster auf der Beifahrerseite ist geöffnet und auf dem Beifahrersitz sitzt ein Papagei. An der Ampel steht ein BMW. Ruft der BMW-Fahrer zum geöffneten Fenster rein: „Hey, cool, kann das komische Vieh vielleicht auch sprechen?" Antwortet der Papagei: „Woher soll ich das denn wissen?"

Polterabend

Getuschel auf einem Polterabend in Donop. Lästern zwei sogenannte Freundinnen über die Braut. Meint die eine: „Heute Abend sieht man es wieder ganz deutlich – es gibt Frauen, die können anziehen was sie wollen, ihnen steht einfach nichts!" Erwidert die andere, mit einem deprimierten Blick auf ihren Freund: „Es gibt Männer, die können ausziehen was sie wollen – da ist es genauso!"

Ein paar Meter weiter standen zwei Männer zusammen und tranken Bier. Es waren der Bräutigam und der eingeladen Hausarzt. „Ihre Frau sieht aber nicht gut aus!" wollte der Arzt dem angehenden Ehemann einen vorsichtigen Wink geben. „Ich weiß, ich weiß! Aber sie hat viel Geld und das ist wichtiger!"

Am Büfett bedienten sich gerade zwei Nachbarinnen. Die eine sah, das sich Braut und Bräutigam in die Schlange einreihten und meinte zu ihrer Freundin: „Sieh dir mal dieses Pärchen an. Die haben sich gesucht und auch gefunden. Er ist so dumm, wie sie hässlich ist!"

Der vorhin schon genannte Arzt wurde von einer sehr angeheiterten Dame angesprochen. Darüber war er nicht gerade erfreut, denn er kannte die Frau als seine Patientin nur zu gut.

„Herr Doktor, wie alt kann ich werden?" wollte sie von dem Arzt wissen. Er sah sie an und fragte: „Rauchen Sie?"
„Nein!"
„Trinken Sie?"
„Nein!"
„Haben sie oft guten und langen Sex?" Die Frau bekam einen roten Kopf und hauchte: „Leider nein!"
„Warum, zum Teufel, wollen Sie dann unbedingt alt werden?"

Eisangeln

Ein Angler aus Nienhagen geht aufs Eis, um zu Angeln.

Mit einer Spitzhacke will er ein Loch in das dicke Eis schlagen. Nach dem ersten Schlag hört er eine Stimme:

„Hier gibt es heute keinen Fisch!" Er schaut sich um und sieht niemanden. Er schlägt ein zweites Mal zu und wieder diese Stimme:

„Es gibt hier auch jetzt noch keinen Fisch!" Er schaut sich wieder um und sieht niemanden. Er schlägt zum dritten Mal zu und wieder diese Stimme:

„Hier gibt es immer noch keine Fische!" Der Angler ist verwundert und fragt:

„Gott bist Du es der mit mir spricht?" Darauf die Stimme: „Nein! Der Stadion-Sprecher des Eishockey Klubs."

Sofie

Die Apotheke von Herrn Mixer in Lage war an diesem Nachmittag gut besucht, als die kleine Sofie herein kam und ganz laut rief: „Ich brauche dreißig Kondome in verschiedenen Größen und Geschmacksrichtungen!"

Stille! Drei Frauen erstarrten mitten in ihren Bewegungen. Zwei Männer grinsten und hatten Mühe nicht laut loszulachen.

Der Apotheker war in Rekordzeit hinter seiner Theke weg und bei dem Mädchen. Herr Mixer packte sie an ihr rechtes Ohr und sagte: „Ein kleines Mädchen sagt so etwas nicht so laut! Das ist Unanständig und nichts für Kinder und überhaupt, ich verkaufe dir doch keine Kondome. Geh nach Hause und sag deinem Vater, dass ich ihn sprechen möchte!"

Sofie wehrt sich mit Worten. „Erstens ist das nichts für Kinder, sondern gegen Kinder. Zweitens bringt man uns in der Schule bei, immer laut und deutlich zu sprechen, damit es jeder versteht. Außerdem geht das meinen Vater nichts an! Mama fliegt morgen nach Mallorca und will auf alles vorbereitet sein!"

Im Altersheim

Heinz, Egon und Fritz leben im Seniorenheim
In Detmold sind sie daheim
Sitzen im Flur auf einer Bank
Außer Egon, der war krank

Vorbei an den beiden anderen lief die
Annegret
So schnell, wie es mit 90 eben geht
Ihr Gebiss hatte sie rausgelassen
Und alle Kleidung weggelassen

Fritz zu Heinz: „Hast du gesehen von
Annegret das neue Kleid?
Das sieht nicht schön aus, sie tut mir leid!"
Heinz: „Eines find ich blöd von der Alten
Bügeln hätt sie´s können, denn es ist voller
Falten!"

Ein lebensmüder Mann

Das Ehepaar aus Heiden beim Frühstück. Fragt die Ehefrau ihren Gatten: „Was magst du mehr, meinen wunderschönen Körper oder meine überragende Intelligenz?" Er sagt nach kurzer Überlegung: „Eher deinen Sinn für Humor!"

Eine Lesung

Die Dichterlesung dauert schon sehr lange. Als der Autor merkt, dass viele seiner Zuhörer bereits eingeschlafen sind, meinte er dann entschuldigend: „Ich habe leider keine Uhr bei mir."

„Das kann ja passieren", antwortet einer der Zuhörer, „aber hinter Ihnen hängt auch ein Kalender".

VITA

Kurt von der Heide wurde 1959 in Lippe geboren. Er ist verheiratet und hat zwei erwachsene Kinder. Seit seiner Jugend beschäftigt er sich mit dem Schreiben. Angefangen mit Erzählungen und Reiseberichten, schreibt er heute Romane, Kinderbücher, Gedichte und Kurzgeschichten.

Das Motto seiner Lesungen lautet:
Vor Überraschungen ist man niemals sicher!

Das **Nationalgericht** der Lipper ist der Pickert! Hier kommt das Rezept.

500g Kartoffeln
500g Mehl
5 Eier
25g frische Hefe oder 1x Trockenhefe
1 Teelöffel Salz
Rosinen nach Geschmack (es geht auch ohne)
2 Esslöffel Zucker (auch nach Geschmack mehr oder weniger)
1 Tasse lauwarme Milch für die Hefe

Versetzt man den Teig mit etwas Bier, erreicht man einen Geschmack der besonderen Art.

Zubereitung

Die rohen geschälten Kartoffeln müssen mit einer Küchenreibe zu einem Brei gerieben werden. Geben Sie diesen zusammen mit den Eiern und den Rosinen in eine Schale und verrühren alles miteinander. Beim Rühren geben Sie langsam das Mehl hinzu. Lösen Sie dann die Hefe in 100-150 ml Wasser auf und geben Sie dies zusammen mit einem Teelöffel Salz in die angerührte Masse.

Alles noch einmal schön verrühren und mit einem Handtuch bedeckt ca. eine Stunde lang an einem <u>warmen</u> Ort gut gehen lassen.

Nun können Sie den Teig einmal kurz durchschlagen und dann in eine heiße Pfanne (mit Öl bedeckt) geben und goldbraun backen. Guten Appetit !

Der Pickert kann natürlich auch ohne Belag gegessen werden. Aber viele Leute streichen etwas Süßes darauf (auf die warmen und nicht mehr ganz heißen Pickert) z.B. Marmelade, Rübenkraut, Butter, Apfelmus oder auch Nuss-Nougatcreme. Aber eigentlich gehört auf lippischen Pickert die lippische Leberwurst!!

Folgende Publikationen sind bisher von ihm erschienen:

Kinderbücher

Samia und die Kirschbaumelfen Teil I-III

Das Krokomeza – ein vegetarisches Krokodil

Tabea – Helferin in der Not

Kurzgeschichten

Kurzweilige Kurzgeschichten

Die Bank am Meer

Kurts neue Geschichten

Gedichte

Gedichte meine Träume

Religiös

Wer glaubt vertraut Teil I+II

Romane

Der Todeskoffer

Alptraum Hochzeitstag

Mörder, Möpse und Moneten Teil I+II

Über uns der Himbeerstrauch

Der Gewalt ausgeliefert

Hass ist ein scharfes Schwert